AF358018

CATALOGUE

DES

AQUARELLES ET DESSINS

MODERNES

PAR

Baron, Barrias, H. Bellangé, Bénassit
H. Bonnefoy, Charlet
Cornilliet, Eug. Delacroix, Froment, Gavarni, Harpignies
Herson, Hildebrandt, E. Isabey
E. Lami, Marilhat, J.-B. Millet, Pils, Raffet, Roqueplan
Robert-Fleury, Th. Rousseau, Verloeckhoven
Zamacoïs, Ziem

DONT LA VENTE AURA LIEU

HOTEL DES COMMISSAIRES-PRISEURS

RUE DROUOT, 9, SALLE N° 5

AU PREMIER ÉTAGE

Le Samedi 27 Janvier 1877

A DEUX HEURES PRÉCISES

Mᵉ **MAURICE DELESTRE**, Commissaire-Priseur, rue Drouot, 27,
successeur de M. DELBERGUE-CORMONT,
Assisté de **M. Ch. GAVILLET**, Expert, rue Le Peletier, 38.

EXPOSITION PUBLIQUE

Le Vendredi 26 Janvier 1877, de une heure à cinq heures.

PARIS — 1877

CONDITIONS DE LA VENTE

Elle sera faite au comptant.

Les Acquéreurs paieront CINQ POUR CENT, en sus du prix d'adjudication.

DESIGNATION

DES

TABLEAUX

ALLONGÉ

1 — Bords de rivière.

Fusain.

ANASTASI

2 — Environs de Rotterdam.

Aquarelle.

ANASTASI

3 — Près de Dordrecht.

Aquarelle.

ANDRIEUX

4 — Pendant la bataille.

Aquarelle.

ANDRIEUX

5 — Le Rappel des tirailleurs.

Aquarelle.

BARON

6 — Jeune Femme traversant un ruisseau.

Aquarelle.

BARRIAS (Félix)

7. — Il Saltarello.

Aquarelle.

BARRY

8 — Vue du Bosphore.

Peinture sur papier.

BEAUME

9 — Jeune Fille portant un enfant.

Aquarelle.

BEAUMONT (Ed. de)

10 — Scène d'intérieur.

Aquarelle.

BELLANGÉ (H.)

11 — Paysanne badoise.
Étude faite à Bade, 1861.

Aquarelle.

BELLANGÉ (H.)

12 — Officier d'infanterie autrichienne.
Étude faite à Bade, 1861.

Aquarelle.

BELLANGÉ (H.)

13 — Musicien d'infanterie allemande.
Étude faite à Bade, 1861.

Aquarelle.

BELLANGÉ (H.)

14 — Corps d'armée en marche.

Dessin.

BENARD

15 — Paysanne flamande.

Dessin.

BÉNASSIT

16 — Parti de Vendéens en reconnaissance.

Aquarelle.

BÉNASSIT

17 — Le Clavecin.

Dessin.

BÉNASSIT

18 — L'Arrestation.

Dessin.

BISCO

19 — Femme turque dans un jardin.

Aquarelle.

BLANCHARD

20 — Marine.

Aquarelle.

BLOCK

21 — Scène flamande.

Sépia.

BODEMAN

22 — Paysage de la Gueldre.

Aquarelle.

BONNEFOY (Henri)

23 — Les Montagnes de l'Esterelle (Cannes).

Aquarelle.

BONNEFOY (Henri)

24 — Un Intérieur d'étable.

Aquarelle.

BONNEFOY (Henri)

25 — Vue de Cannes (Alpes-Maritimes).

Aquarelle.

BONNEFOY (Henri)

26 — Ruines d'une maison à Bordj-Bon-Arreridj.

Aquarelle.

BONNEFOY (Henri)

27 — Un Pressoir.

Aquarelle.

BRUNET-DEBAINES

28 — Paysage au bord de la mer.

Aquarelle.

CHARLET

29 — Le petit Écuyer.

Dessin.

CORNILLIET

30 — Volontaires arabes campés dans la gare du Mans (Décembre 1870).

Aquarelle.

CORNILLIET

31 — L'Été.

Éventail.

CORNILLIET

32 — Consolatrix afflictorum.

Aquarelle.

CORNILLIET

33 — Bateaux de pêcheurs à Yport.

Dessin rehaussé.

COURDOUAN

34 — Paysage accidenté. —

Aquarelle.

COUTURIER

35 — Basse-cour.

Dessin.

DAVID (J.-Louis)

36 — Femme turque.

Dessin.

DELACROIX (E.)

37 — Une Procession à Mogador.

Aquarelle.

DELACROIX (E.)

38 — Le Christ au jardin.

Sépia.

DESHAYES (E.)

39 — Moulins à vent.

Aquarelle.

DUMARESQ (ARMAND

40 — L'Escorte d'honneur.

Aquarelle.

DUMARESQ (ARMAND)

41 — Arabe en vedette.

Aquarelle.

DUMARESQ (ARMAND)

42 — Un Zouave.

Aquarelle.

FORT (SIMÉON)

43 — Vue sur les bords du Rhin.

Aquarelle.

FROMENT

44 — Amphitrite.

Aquarelle.

GAVARNI

45 — Deux Membres de la tribu des Beni-Cocardeau.

Aquarelle.

GIOJA

46 — Italienne assise près d'une fontaine.

Aquarelle.

HAMMAN

47 — L'Injonction.

Aquarelle.

HARPIGNIES

48 — Paysage au printemps.

Aquarelle.

HARPIGNIES

49 — Le Cours de la Seine, près le Pont-des-Arts.

Aquarelle.

HARPIGNIES

50 — Un Étang (le soir).

Aquarelle.

HERSON

51 — Les Quais à Rouen.

Aquarelle.

HERSON

52 — Le Phare à Honfleur.

Aquarelle.

HERSON

53 — Fontaine-le-Port.

Aquarelle.

HERSON

54 — Près Barbizon.

Aquarelle.

HILDEBRANDT (E.)

55 — Bords de la Meuse.

Aquarelle.

HILDEBRANDT (E.)

56 — Barques de pêcheurs à marée basse.

Aquarelle.

HILDEBRANDT (E.)

57 — Marine.

Aquarelle.

ISABEY (E.)

58 — Marine.

Aquarelle.

ISABEY (E.)

59 — Une Rue de Vitré.

Aquarelle.

JUNG

60 — Épisode des guerres d'Afrique.

Aquarelle.

LAMI (E.)

61 — Grenadier de la Garde impériale.

Aquarelle.

MARILHAT

62 — Regga sur le Nil.

Dessin.

MARTIN

63 — Ferme à Estoublon.

Aquarelle.

MARTIN

64 — Vue à Chabrières (Basses-Alpes).

Aquarelle.

MIDY, d'après SOREL

65 —

Aquarelle.

MILLET (J.-B.)

66 — Cour de ferme.

Sépia.

MILLET (J.-B.)

67 — Ferme aux environs de Barbizon.

Aquarelle.

MILLET (J.-B.)

68 — Moulin à eau.

Aquarelle.

MULLER (Karl)

69 — Sainte Famille.

Aquarelle.

PELLETIER

70 — Convoi de blessés attaqués par des Cosaques.

Plume.

PILS

71 — Un Artilleur.

Aquarelle.

PURICELLI

72 — Paysan napolitain.

Aquarelle.

RAFFET

73 — La Fontaine de Rébecca à Vienne.

Aquarelle.

RAFFET

74 — Sapeur et Musicien de la Garde impériale (Premier Empire).

Aquarelle.

FLEURY (ROBERT)

75 — Pêcheurs napolitains.

Sépia.

ROQUEPLAN

76 — Une Ville de Bretagne.

Sépia.

ROUSSEAU (Th.)

77 — Paysage.

Lavis.

TESSON

78 — Marché devant le porche d'une église.

Aquarelle.

TESSON

79 — Halte en Anatolie.

Aquarelle.

TESSON

— 80 — Intérieur d'église pendant un office.

Aquarelle.

THIOLLET

81 — Pêcheuses à marée basse (Normandie).

Aquarelle.

THIOLLET

82 — Bergère et Moutons à la lisière d'un grand bois.

Dessin rehaussé.

CUYCK (Van)

83 — Paysage.

Aquarelle.

VERBOECKHOVEN

84 — Renard enlevant une proie.

Plume.

VERBOECKHOVEN

85 — Cerf couché.

Plume.

VILLERET

86 — Une Église en Normandie.

Aquarelle.

ZAMACOÏS

87 — Un Paysan espagnol.

Aquarelle.

ZIEM

88 — Paysage de la Camargue.

Aquarelle.

PIETTE

89 — Effet d'hiver à Juvigny.

Gouache.

BONINGTON

90 — Marine.

Aquarelle.

HOGUET

91 — Marine.

Aquarelle.

HOGUET

92 — Côtes de Bretagne.

Aquarelle.

TESSON

93 — Lavandières.

Aquarelle.

WYLD (J.)

94 — Vue de Naples.

Aquarelle.

ROQUEPLAN (C.)

95 — Côtes de Normandie.

Aquarelle.

BIGNANI (V.)

96 — Jeune Femme assise.

Aquarelle.

HORTENBEKER (P.)

97 — Retour des champs.

Aquarelle.

FRAGONARD

98 — Femme d'Orient.

Aquarelle.

J. H.

99 — Nature morte.

Aquarelle.

PROUT (S.)

100 — Ruines de Palmyre.

Aquarelle.

JACQUE (Ch.)

101 — Scènes militaires.

Vingt-sept Dessins et Croquis à la mine de plomb.

Vᵒˢ Renou, Maulde et Cock, imprs de la Compagnie des Commissaires-Priseurs,
rue de Rivoli, 144.   72182

www.ingramcontent.com/pod-product-compliance
Lightning Source LLC
LaVergne TN
LVHW020647180726
843502LV00006B/2295